COMO EXTRAIR AS MOEDAS CRIPTOGRÁFICAS PASSO A PASSO

Conteúdo

O básico para começar a mineração de moedas criptográficas 4

Como é minerada 7

Considerações básicas sobre mineração 9

Questões de rentabilidade na mineração de moedas criptográficas 10

Calculadoras de rentabilidade que pode utilizar 14

Os algoritmos utilizados pela mineração 18

Os requisitos para realizar a extracção de moeda criptográfica 20

Juros ganhos em moedas criptográficas 26

Os requisitos para a mineração de moedas criptográficas usando PoS 27

Como escolher uma moeda criptográfica para a mina 28

Tudo sobre uma piscina mineira 30

A forma de pagamento das piscinas 33

O papel dos mineiros da web 34

O que representa a mineração na nuvem 36

Moedas criptográficas de mineração num Mac 37

Mineração de etéreo via Ubuntu Linux 39

Como minerar Litecoin 45

Aprenda a explorar Monero através do computador 51

Descobrir como minerar Zcash 60

Mineração vs. investimento; as considerações no início 66

Mínimo de hardwares para minerar Zcash e Ethereum 73

Melhor GPU para a exploração mineira Ethereum 78

Instalações actuais de mineração de Bitcoin 81

O melhor software para mineração Ethereum 83

A extracção de moeda criptográfica tornou-se frequentemente um tema popular hoje em dia, mas ao mesmo tempo existem dúvidas sobre a sua rentabilidade e legalidade, mas para chegar a estas respostas é preciso determinar que se trata de uma actividade que contribui para uma série de processos que ajudam a validar transacções provenientes de uma moeda criptográfica.

Especificamente, a função do mineiro está centrada na resolução de puzzles, para os quais é implementado equipamento especial que requer determinadas considerações de consumo, tais como Internet e electricidade, dependendo da moeda criptográfica, porque nem todos funcionam da mesma forma.

O básico para começar a mineração de moedas criptográficas

A extracção de moeda criptográfica é uma actividade que deve ser considerada muito sensatamente, especialmente porque com a informação é mais fácil ousar, tendo em conta se é ou não uma actividade lucrativa na sua situação, porque esta medida depende de diferentes factores.

O cálculo da rentabilidade da extracção de moeda criptográfica envolve a análise de como planeia operar, mas pode utilizar ferramentas que o ajudam a saber se é uma medida rentável, estes cálculos podem ser feitos numa base personalizada, mas não podem ser tomados como um resultado 100% eficaz.

No entanto, por meio de calculadoras de moeda criptográfica, funcionam como uma ajuda para ser claro sobre alguns critérios, mas para chegar a esse ponto, a primeira coisa a fazer é conhecer todos os aspectos básicos com os quais tem contacto durante a exploração mineira, onde se destacam os seguintes aspectos

- **Moedas criptográficas**

O principal activo que a exploração mineira gera são as moedas criptográficas, que são moedas virtuais que se tornaram um meio de pagamento virtual favorito, graças ao facto de serem activos digitais que não são tangíveis, porque são mobilizados através de transferências encriptadas que podem ser estendidas a comerciantes ou empresas.

Uma qualidade destes activos é que se chama unidade autoreguladora, porque não há nenhuma instituição que intervenha no seu controlo, fazendo com que o seu valor não seja modificado, mas sim alterado com base nos movimentos dos próprios utilizadores à medida que estes realizam trocas entre pares.

Este controlo ou poder destes bens, não só reside nos utilizadores do P2P, como a mineração contribui para a criação de moedas criptográficas, este tipo de mudanças dinâmicas de acordo com o tipo de moeda criptográfica, e à medida que se participa neste processo, as recompensas para os mineiros têm origem, o que significa receber unidades destas moedas virtuais.

- **Fiabilidade e legalidade**

A mineração de moeda criptográfica é definitivamente legal e impõe segurança, mas algumas precauções devem ser aplicadas para que não surjam problemas, uma das medidas mais obrigatórias é cuidar da criação de uma chave privada para que os seus fundos não estejam em risco, no caso de a utilizar, é preciso ter cuidado.

Para além disto, há a diversidade de moedas criptográficas existentes, porque o número cresce todos os dias e a rentabilidade varia para cada uma, isto deve ser tido em conta durante a estimativa da rentabilidade mas também quando se decide sobre um activo ou outro, os mais populares são

Litecoin, Ether, Dash, Ripple, Monero e outros que possam ser do seu agrado.

Da mesma forma, o tipo de hardware que selecciona para a exploração mineira tem muito peso, pelo que é um conjunto de factores que entram em todas as decisões, mas o mercado também se orgulha da opção Dogecoin, BitTorrent, HUSD, Stellar, TRON, Polkadot, Cardano, NEO, Dai, IOTA, e muitos mais.

- **Minar**

A acção da mineração baseia-se na criação de moedas criptográficas à medida que são ganhas ou obtidas, este tipo de recompensa é apresentada durante um processo bem sucedido, mas gera que não é necessário comprar as moedas criptográficas, mas sim obter o maior número possível de recompensas.

Como é minerada

Para realizar a extracção de moeda criptográfica, é necessário implementar a resolução de cálculos matemáticos com a ajuda do poder computacional, ou seja, o utilizador empresta o equipamento ao funcionamento das redes P2P para realizar os cálculos que surgem, processando assim as transacções.

Ou seja, a transacção é realizada com cálculos matemáticos efectuados através de computadores que são mantidos em funcionamento 24 horas por dia, todos os dias para produzir um consumo constante, pelo que não é uma actividade que se possa realizar através de um computador básico ou doméstico.

A exploração mineira requer potência e ao mesmo tempo um bom nível de desempenho, para que o processo possa ser realizado, pelo que é sinónimo de investimento necessário, para obter equipamento ASIC; Circuito Específico de Aplicação, que é especialmente criado para realizar a exploração mineira com potência impressionante.

A exploração mineira pode ser feita em conjunto através de um pool ou cooperativa, onde a maioria dos membros trabalha em conjunto para receber recompensas, porque um nível de poder mais elevado é agrupado, e por sua vez um bloco pode ser resolvido para atingir o objectivo estabelecido, não se trata de outro tipo de exploração mineira mas sim de um agrupamento.

Os computadores que trabalham em conjunto para ganhar recompensas podem dividir os lucros obtidos através de modos diferentes, mas não é um modo obrigatório de mineração por qualquer meio.

Considerações básicas sobre mineração

Começar a realizar a exploração mineira não é um passo simples, mas todo um procedimento deve ser realizado de antemão, para que seja possível montar um equipamento exequível, que vá além da simples escolha do computador, mas que dependa do tipo de equipamento e do custo de obtenção do mesmo.

Da mesma forma, outro factor que é vital ter em conta é a concorrência que pode estar presente durante esse momento em que se prepara para minerar, sem esquecer a despesa que representa o consumo de electricidade porque são dispositivos que estarão ligados durante 24 horas, pelo que necessitarão de refrigeração para evitar a sobrecarga dos dispositivos.

Como estes factores têm influência na mineração, a rentabilidade da moeda criptográfica na altura não pode ser deixada de lado, razão pela qual a mineração da moeda criptográfica muda dependendo do tipo de activo que seleccionou para mineração.

Questões de rentabilidade na mineração de moedas criptográficas

A rentabilidade da mineração de moeda criptográfica é complexa de determinar ou estabelecer, porque varia sempre em cada caso ou situação, especialmente no momento em que o rendimento é produzido nessa moeda criptográfica, para além do valor da electricidade e do equipamento mineiro, dependendo do país em que é feito esse investimento.

Todas estas variáveis são cruciais para estabelecer a rentabilidade, mas a isto acresce o montante que está disposto a investir, tudo isto pode ser simplificado na utilização de calculadoras específicas que resumem esta tarefa, de modo que ao preencher alguns dados sobre estas variáveis pode aproximar um número ligeiramente mais exacto.

Uma visão mais realista desta actividade permitirá que seja avaliada para reconhecer se vale ou não a pena, especialmente em termos do investimento necessário, tais como electricidade, refrigeração, equipamento e palavras-passe, que por sua vez é resolvido determinando o tipo de moeda criptográfica que se deseja extrair.

Nem sempre obterá a mesma rentabilidade de uma ou outra moeda criptográfica, muito menos em momentos diferentes, porque tudo muda todos os dias, pelo que todos estes detalhes são necessários para fazer um cálculo preciso, pode introduzir isto numa ferramenta que estude este tipo de informação para que possa decidir.

Para utilizar estas calculadoras em linha basta adicionar dados fiáveis, para reconhecer a rentabilidade destas etapas ou actividade, e se no seu país ou ambiente o custo da energia for insignificante pode obter mais lucro ao realizar este tipo de actividade, os aspectos que influenciam são os seguintes:

1. Taxa de haxixe

É uma das medidas mais importantes, porque é a unidade para medir a potência em que as moedas criptográficas são processadas, está localizada dentro de um dos aspectos básicos para reconhecer a quantidade de operações computacionais que podem ser realizadas a partir do computador, para saber isto pode investigar online o modelo do seu computador.

2. Quantidade de consumo de electricidade

A quantidade de energia é conhecida como aquilo que o equipamento que se utiliza para a exploração mineira exige, isto em primeira instância exige que se trate de uma actividade que não pode ser realizada a partir de um computador portátil ou tablet, mas sim de computadores que satisfaçam um nível óptimo de energia.

Por outro lado, deve ter-se o cuidado de assegurar que o equipamento mineiro não sobreaqueça, pelo que é vital considerar a inclusão de um ar condicionado no local para que o estado da sala não seja quente e prejudicial para o equipamento.

3. Custo da electricidade

Com base na tarifa dos serviços de electricidade contratados no local onde vai extrair, pode fazer um cálculo sobre o consumo, e até considerar se seria apropriado fazer uma mudança de local, porque a exploração mineira representa uma operação constante, isto representa um pagamento constante que está sujeito a alterações de preço e a rentabilidade da moeda criptográfica.

4. Custo do hardware

O hardware, uma vez adquirido, representa um custo único, mas não se pode ignorar que no decurso da exploração mineira poderá precisar de comprar equipamento melhor, ou poderá ter adquirido equipamento regular e depois as exigências da exploração mineira pressionam-no a actualizar o nível de equipamento.

5. Tarifa do pool

Estar num pool é uma escolha que pode ser conveniente para muitos, mas requer a cobertura de uma taxa de entrada ou a percentagem que tem de pagar, este tipo de dados é muitas vezes omitido.

6. Comissão de Software

O custo que faz parte da taxa de software é constituído por uma medida a ter em conta, para que a referência ou calculadoras possam dar uma taxa de retorno.

Como se pode introduzir estes dados na calculadora, o valor da moeda criptográfica é acompanhado de perto, assim como o nível de dificuldade por detrás da moeda criptográfica, para ter isto em mente ao pensar em recompensas, estes valores possuem igualmente outras opções para torná-la uma actividade lucrativa.

A maior vantagem da mineração está concentrada no tipo de moeda criptográfica que se escolhe para minerar, pelo que o valor destes activos deve ser medido em tempo real, para seguir o preço e o tipo de flutuações que existem por detrás da moeda virtual, isto é assumido pelas calculadoras digitais para tomar a melhor decisão.

Calculadoras de rentabilidade que pode utilizar

O número de calculadoras para medir a rentabilidade varia muito, mas as funções são genéricas para a maioria, o importante é definir os dados que as caixas pedem para que os resultados possam ajudá-lo a obter uma imagem clara, mas algumas podem omitir o cálculo do valor do software ou outro valor semelhante.

Mas a forma como estas calculadoras funcionam é semelhante, pelo que pode usar a que achar mais fácil de usar, elas continuam a ser a melhor forma de acompanhar a rentabilidade em tempo real, de escolher a moeda criptográfica que fornece os melhores bónus, e de considerar a que é a mais complicada para mim.

Os instrumentos mais utilizados para medir a rentabilidade da exploração mineira são os seguintes:

- **CoinWarz**

É postulado como uma das ferramentas mais simples, porque pode escolher o tipo de algoritmo que deseja, e depois preencher as secções que surgem na calculadora, para além deste cálculo é também responsável por mostrar as melhores moedas criptográficas para seguir essa mobilidade de rentabilidade hoje em dia.

Na selecção de moedas pode pressionar para obter um gráfico completo, no qual pode adicionar dados que mostram o nível de rentabilidade e os benefícios que as moedas criptográficas geram a partir das suas vantagens, recompensas e, sobretudo, custos, tudo isto pode ser medido de uma forma simples.

A consulta da moeda criptográfica está disponível, para aceder a dados como Litecoin, Ethereum, Dash, Zcash, Monero, e outros que se encontram na secção desta ferramenta, uma vez que as qualidades destas moedas virtuais são seguidas.

- **CryptoCompare**

Foi classificada como uma das melhores calculadoras de rentabilidade em moeda criptográfica, uma vez que permite o estudo de uma grande variedade de moedas virtuais, a partir da sua plataforma é possível obter detalhes sobre estes activos, desde o seu preço até notícias relevantes, tais como dicas.

Por outro lado, uma qualidade relevante desta calculadora é que todos os dados são emitidos de uma forma simples, de modo que a ordem ajuda a ser compreendida sem tanta complicação, a partir da secção "Mercados" pode encontrar "Calculadora mineira", a partir dessa secção os dados do nível de potência hashing são integrados.

A medição da energia consumida é uma realidade para esta ferramenta, o mesmo se aplica à estimativa da percentagem de Pool, pelo que o resultado pode estar realmente ligado à forma como vai para a mina, para mais tarde mudar e conhecer o valor de cada moeda criptográfica que é da sua preferência.

- **Whattomine**

Representa uma boa alternativa web para seguir a rentabilidade das moedas criptográficas, graças ao seu funcionamento completo e oferece uma grande variedade de informações, onde cada dado pode ser filtrado e classificado de acordo com a sua preferência, depois, para obter o cálculo final só tem de seleccionar a moeda que deseja.

Numa secção da plataforma encontrará informações a completar tais como valores, dados, taxa de hash, energia, custo e outras percentagens, para que também possa ter em consideração para visualizar a dificuldade da exploração mineira, ou mesmo consultar qualquer variedade de moedas criptográficas.

- **CoinCalculadores**

Tem as mesmas funções que as calculadoras anteriores, mas com uma interface mais prática para lidar com ela como desejar, porque a partir da secção "moedas" pode deparar-se com revelações sobre os melhores hardwares para realizar mineração, por exemplo, para que possa dar o passo em direcção à mineração com maior segurança.

Ao preencher todos os dados, tais como hashrate, custo de energia ou hardware e outros, pode ver o nível de rentabilidade oferecido por esta actividade, sem perder de vista a distinção entre um activo ou outro para reconhecer a sua rentabilidade.

Os algoritmos utilizados pela mineração

A mineração de bitcoin é a participação na verificação das transacções que são realizadas através da rede para emitir novas moedas criptográficas, caso esteja interessado neste tipo de mineração, deve seguir de perto todos os requisitos do domínio do algoritmo desta actividade, porque são utilizados dois tipos de algoritmos para a mineração, tais como os seguintes:

1. Algoritmo de mineração

É reconhecido como um processamento de dados, para isso é necessário hardware especializado que funcione com este tipo de algoritmo, dependendo do que se utiliza exigirá a implementação de equipamento que tenha a capacidade de lidar com estas qualidades, no caso dos dispositivos ASIC, são responsáveis por trabalhar com algoritmos específicos.

2. Algoritmo de consenso

É um algoritmo relacionado com todos os membros ou nós que fazem parte de uma rede de moedas criptográficas, seguindo o funcionamento da rede, porque algumas transacções cumprem um determinado objectivo ou validade, tudo isto influencia a ordem de bloco que é implementada na cadeia, e outros aspectos.

Os algoritmos de consenso mais populares são a prova de trabalho (PdB) e a prova de participação (PdS), além disso existem dúvidas sobre a quantidade de trabalho necessária para a prova de trabalho, mas deve estar ciente de que se trata de um nível de trabalho inferior, porque não é uma obrigação que tenha de fazer por si próprio, mas o hardware cuida dele.

A prova de trabalho é descrita como um algoritmo de consenso para resolver um puzzle, dentro desta dinâmica o mineiro procura encontrar a resposta o mais rapidamente possível para que possa integrar um novo bloco que pertence às transacções da cadeia de bloqueio, isto funciona porque é muito improvável que dois mineiros possam encontrar a mesma solução.

Cada puzzle utilizado para os blocos necessita de soluções diferentes numa ordem aleatória, este tipo de mecanismo significa que não é possível uma dupla pesquisa de moedas, pelo que para cada solução é gerada uma recompensa e para encontrar a resposta requer a aplicação de hardwares mineiros para processar dados a alta velocidade.

Esta é a razão pela qual os mineiros devem ter um equipamento potente, de modo que a moeda criptográfica que seleccionou possa ser minada, neste sentido a prova de trabalho é um dos algoritmos de consenso mais utilizados, especialmente quando se trata de Bitcoin, sendo uma das primeiras moedas virtuais e emprega PoW.

Este tipo de mineração requer hardware especial, o mesmo é verdade no caso da selecção de Monero, Zcash, Ethereum classic, Bitcoin cash, e outros, mas a rede Ethereum tem uma prova de substituição ou é mantida por uma função híbrida.

Os requisitos para realizar a extracção de moeda criptográfica

Uma chave para fazer parte da extracção de moeda criptográfica, é sustentar uma aprendizagem contínua, avançar no meio desta actividade e obter lucros com uma dose elevada de paciência, especialmente para ter os hardwares e software necessários para torná-la uma acção lucrativa, e sem ignorar os custos que esta acção provoca.

Mas acima de obter estes dispositivos, é necessário implementar um sistema de arrefecimento para que o local não sofra de falhas de sobreaquecimento, o mais importante é que tanto a electricidade como a Internet possam ser estáveis, caso contrário, o trabalho será interrompido e não poderá exercer a exploração mineira, o que precisa é o seguinte

- **Hardware**

A questão do hardware refere-se directamente ao equipamento chave para a mineração da moeda criptográfica seleccionada, o que inclui, em termos gerais, tudo desde processadores, placas gráficas e outro equipamento especial, uma vez que seja possível seleccionar um, poderá passar a encaixar outras qualidades.

Mas o que pode ser tido em conta é o tipo de algoritmo de mineração, ao qual a moeda criptográfica que vai extrair está associada ou programada, porque o algoritmo de mineração é o principal responsável pelo cumprimento das regras no momento de encriptar ou decifrar a informação que surge após cada transacção.

Por outras palavras, através do algoritmo, obtém-se uma mensagem que é simples de compreender até se tornar indecifrável, e esta é também a forma de garantir que o resultado não possa ser repetido, como parte da segurança da rede, ou seja, é a forma como a moeda criptográfica não pode ser falsificada.

Por esta razão, se quiser extrair Bitcoin, deve implementar dispositivos ASIC, pois são a melhor solução a ser aplicada no algoritmo SHA-256, mas para extrair Ethereum ou Zcash, é necessária uma placa gráfica dedicada (GPU), para além de utilizar uma fonte de alimentação 100% certificada.

Para extrair Monero ou bytecoin, por outro lado, deve ser cumprida a exigência de um processador CPU de computador a fim de extrair eficazmente e colher as recompensas.

- **Software**

Existem diferentes tipos de software ou programas concebidos para minerar moedas criptográficas, mesmo do tamanho do Bitcoin, pelo que a primeira coisa é ter software de mineração, onde o hardware será capaz de iniciar o hardware, para desenvolver um desempenho na rede da moeda criptográfica para que possa ser minada.

Por esta razão pode actualmente encontrar diferentes tipos de software, tudo depende do tipo de hardware que está a utilizar, assim como, considerando o tipo de moeda criptográfica que quer extrair, os mais utilizados são o CGminer e o Claymore, o primeiro é o mais utilizado para extrair dinheiro em dinheiro Bitcoin, enquanto o segundo é ideal para o éter.

Da mesma forma, deve incorporar um programa para medir o desempenho do hardware, e pode configurar o desempenho destes utilitários para seguir as suas preferências. No caso de dispositivos ASIC, como o Bitmain's AntMiner, oferece um sistema autónomo para configuração e monitorização.

Mas se estiver a minerar através de GPU, precisa de descarregar e utilizar software como o MSI Afterburner ou GPU-Z para cumprir o objectivo de mineração. A plataforma mineira, conhecida como performance, pode ser obtida a partir do website da piscina mineira ou utilizando o TeamViewer, que oferece acesso remoto à plataforma.

- **Carteira ou bolsa**

Um requisito indispensável é ter uma carteira, para armazenar os pagamentos que recebe quando mineira, esta pode ser de diferentes modalidades como um hardware, uma carteira fria, ou um software que funcione como uma aplicação, no caso de carteiras frias é um equipamento mais fiável, embora o software possa ser protegido com chaves robustas.

Online deve ter cuidado com os hacks, o mesmo se aplica a alguns bureaux de change, por isso é melhor optar pelas primeiras opções para evitar colocar os seus bens em risco por qualquer razão.

- **Refrigeração e ar condicionado**

Um requisito fundamental que não pode ser ignorado é o condicionamento da área, porque o equipamento mineiro deve estar a uma temperatura estável ou abaixo dela, para que o seu funcionamento não seja afectado, especialmente quando o nível de processamento a que está sujeito gera calor extremo que pode causar deterioração.

Para que o equipamento não sobreaqueça, o cuidado com a temperatura é tudo, porque ajuda os dispositivos a proporcionar uma vida útil prolongada sem falhas, embora isto deva ser constantemente avaliado, um ponto chave é investigar a temperatura máxima que o hardware que está a utilizar pode suportar.

A temperatura deve ser vigiada, para que se tenha picos do que um dispositivo é capaz de alcançar durante a exploração mineira, isto também ajuda a alcançar um ponto menos prejudicial para a exploração mineira, um controlo deste nível é benéfico para que o equipamento seja seguro, isto pode ser exercido seguindo de perto alguns pontos que impedem o sobreaquecimento.

A primeira chave ou resposta é a refrigeração, porque é a coisa mais importante a preservar num espaço, a solução reside no ar condicionado e na ventilação constante, e os sistemas de refrigeração líquida também podem ser aplicados ao equipamento, para serem utilizados como uma forma de manutenção.

Para além da refrigeração, existe a configuração mineira, o que significa que a potência atribuída pode ser controlada sobre os extractores de calor que fazem parte do hardware, isto vai de mãos dadas com a potência de processamento que pode ser designada.

O mais habitual é que a potência mineira seja reduzida um pouco, para que o equipamento possa funcionar melhor durante muito tempo, porque se tiver dispositivos ao nível máximo, algumas falhas podem ocorrer muito mais cedo do que o esperado com base nas qualidades do equipamento, o que afecta o nível de rendimento que se gasta na exploração mineira.

Juros ganhos em moedas criptográficas

Muitas moedas criptográficas seleccionadas para mineração têm um protocolo e operação baseados em juros, porque o sistema recompensa cada participante por recolher moedas criptográficas através de uma rede específica, de modo a que cada transacção possa ser validada, o que é conhecido como prova de participação.

O protocolo de prova de compra não mantém um elevado consumo de energia ao validar transacções, ou para emitir moedas criptográficas, o que é uma grande diferença que tem com a prova de trabalho, razão pela qual a prova de compra consiste na quantidade de moedas criptográficas que foram acumuladas.

Para fazer parte da validação de uma rede de PdS, é vital ter moedas criptográficas que serão utilizadas para esta actividade, e depois estas moedas criptográficas devem ser bloqueadas na cadeia de bloqueio, certificando assim que os fundos não são utilizados para qualquer outro fim que não seja a validação das transacções.

Isto significa que estará a oferecer uma garantia sobre a segurança, e sobre o comportamento da própria rede, porque se exercer uma acção inadequada terá as moedas criptográficas bloqueadas, dentro desta dinâmica a selecção do nó de validação é adicionada ao bloco seguinte de forma aleatória.

Mas como possui mais moedas criptográficas para este tipo de utilidade, aumenta as suas hipóteses de ser seleccionado e obterá uma margem de lucro mais elevada, contudo a principal razão pela qual Peercoin, PIVX, NEO e Lisk são preferidos é devido ao menor impacto negativo que tem sobre o ambiente.

Os requisitos para a mineração de moedas criptográficas usando PoS

A tarefa de validação das transacções através da PdS não requer um elevado nível de consumo de energia, pelo que não há necessidade de hardware especializado, apenas de um computador com um disco rígido capaz de manter uma cópia da cadeia de bloqueio, sem negligenciar o papel de uma boa ligação à Internet.

No meio deste procedimento não é necessário gerir todo o nó para obter dinheiro, existem piscinas de moedas criptográficas que desempenham as suas funções da mesma forma que as piscinas de prova de trabalho, é importante nesta dinâmica que se possa partilhar os lucros com base na participação.

Por outro lado, existem requisitos para cada rede, especialmente quando se pretende ter os nós validados, mas estes são questões de segurança ou escalabilidade que se baseiam nas expectativas das moedas criptográficas, para isso é possível seguir as calculadoras mineiras para seguir as indicações do mercado de criptoassetes.

Como escolher uma moeda criptográfica para a mina

Um ponto crucial ao envolver-se no mundo das moedas criptográficas é seguir a rentabilidade de qualquer forma de monetização do mesmo, para isso é necessário estudar algumas variáveis sobre estes activos, um destes detalhes é o preço actual que a moeda criptográfica tem no mercado, bem como o custo da electricidade.

Também o poder de mineração é crucial quando se toma uma decisão, porque algumas moedas criptográficas exigem muito mais poder, o mesmo se aplica à compra de hardware, este tipo de dados pode criar um perfil da moeda criptográfica ideal para a mineração, da mesma forma websites como WhatToMine ou CoinWarz podem ajudar.

A avaliação para decidir entre uma moeda criptográfica e outra também pode ser medida pelo seu desempenho, esta visão pode proporcionar mais certeza na tomada de uma decisão, mas numa escala a longo prazo, pelo que é um passo que merece um elevado nível de seriedade, o que é complicado quando se tem em mente uma nova moeda criptográfica.

Mas o que mais deve ser avaliado são os aspectos de segurança, e uma troca suave, por isso é um imperativo investigar o tipo de projecto que está por detrás de uma moeda criptográfica, porque dessa forma é possível tirar partido do crescimento, e conhecendo o uso ou papel que o bem tem, é mais fácil.

A avaliação do tipo de hardware ou software de que necessitam é outra medida para saber se é positivo extraí-los, sem deixar de lado as características que estão por detrás da moeda virtual, isto significa que devem ser investigados desde a mais geral da moeda criptográfica até à mais específica.

Através do livro branco pode aprender sobre um bem, pois pode encontrar a explicação do projecto, isto oferece dados da relevância técnica mas também sobre a ética, isto é comparado com o roteiro do projecto para medir a medida em que pretende alcançar essa moeda criptográfica e o lapso para a alcançar.

A realidade ou opinião de outros mineiros é um ponto a ter em conta, porque no meio de muitos fóruns ou chats pode encontrar uma decisão comum, este tipo de aspectos são os que lhe permitem avaliar melhor as moedas criptográficas com base nas suas expectativas, onde o papel dos programadores do mesmo também é importante.

Tudo sobre uma piscina mineira

A piscina mineira funciona como um nó, permite a ligação de um grupo de mineiros de moeda criptográfica, para que a actividade possa ser realizada em simultâneo, fazendo com que a potência mineira cresça significativamente, isto faz parte dos valores de hashrate, de modo a que todos participem na rede como uma única ligação.

Estes tipos de apostas foram verificados para funcionar muito melhor na prova de trabalho, porque para a prova de participação tem uma utilização totalmente diferente, onde a questão é que os participantes podem designar o poder de decisão para outro para poder gerir o nó.

Isto significa que a possibilidade de mais blocos serem integrados na cadeia torna-se efectiva e assim as recompensas aumentam, no caso de PBO ou PBO o recebimento das recompensas é sempre atribuído de acordo com o que corresponde ao acordo de pool para que sejam efectivamente distribuídos.

A escolha entre minerar sozinho ou com outra pessoa pode ser enorme, mas o instinto importa, assim como seguir a orientação da realidade para não tomar uma decisão que está para além da sua capacidade de responder com uma equipa, porque tudo isto anda de mãos dadas com o tipo de lucro que se pode obter com a mineração.

Mas o ponto crucial é que, se quiser extrair as moedas criptográficas por si próprio, deve ter um investimento prévio para ter o equipamento necessário, mas se o fizer com meio investimento, não alcançará a potência mineira necessária para colher lucros.

Quando se trata de energia, é gerada mais produção por uma rede inteira do que por um único dispositivo, pelo que a actividade de grupo é benéfica, e isto significa que mais explorações de equipa podem ser criadas para que a exploração de qualquer dispositivo seja completamente anulada.

Como a mineração se baseia em encontrar um resultado correcto na rede de moedas criptográficas, a probabilidade de resolução aumenta com uma alta potência mineira como a alcançada por uma piscina, porque é maior do que qualquer outro nó a operar na rede, quando se extrai apenas 1% de hashrate, enquanto que por grupo aumenta até 10% com 8 mineiros, por exemplo.

Portanto, num grupo é normalmente mais rentável dependendo da eficácia da potência mineira que podem reunir, esta é a principal razão pela qual é escolhida, a exploração mineira em piscina é normalmente muito mais conveniente especialmente em comparação com o equipamento, neste caso pode surgir a dúvida de optar por Monero, que é uma moeda criptográfica anti-ASIC.

Uma opção como Monero é viável porque está associada à mineração de CPU e GPU, mas igualmente se tiver um nível de mineração inferior, a coisa mais inteligente a fazer é pensar e apostar num pool, pode verificar através da CoinWarz o tempo estimado em que o primeiro bloco será minado e o que será obtido.

Os valores da rede são tidos em conta para pensar na rentabilidade de cada ajustamento ou decisão, mas para além do tempo que leva a mina por si só, deve pensar no facto de que o envolvimento com um pool pode gerar uma quantidade significativa de royalties, o pior de qualquer das medidas é que o preço da moeda criptográfica diminui.

A forma de pagamento das piscinas

A forma de pagamento dos pools está associada a uma forma de distribuição, que varia de acordo com a empresa ou os acordos, mas a maioria deles concentra-se numa distribuição equitativa, baseada no poder mineiro de cada participante, e a recompensa é desenvolvida por meio de duas partes ou dois processos.

Uma fase de cobrança através dos pools é para as novas moedas criptográficas que são emitidas juntamente com as taxas de transacção, ou para os administradores manterem os lucros para distribuir as novas moedas criptográficas, dependendo de como os dispositivos são utilizados, os administradores podem cobrar uma percentagem do que foi minado.

Este tipo de taxa ou encargo está relacionado com a manutenção do pool, mas para além de aceitar e encontrar condições de pagamento favoráveis para o seu caso, é ainda aconselhável medir a rentabilidade, olhando para os dispositivos que atingem a potência mineira necessária e significativa para atingir um hashrate óptimo, mas isto é sinónimo de um investimento no hardware.

O papel dos mineiros da web

A definição de mineiros da web centra-se num tipo de software que pode ser instalado a partir de uma base de código, isto vem do website que faz com que o computador e o dispositivo de cada utilizador visitante seja utilizado para mineração, a instalação deste tipo de software é feita pelo webmaster ou por um atacante.

Este tipo de mineração é distinguido como malware, ou seja, como software malicioso, pelo que deve emitir um aviso sobre a sua função, porque se não autorizar este tipo de passo, seria uma medida ilegal, mesmo que não seja concebida pelo próprio administrador, isto faz com que os mineiros da Web sejam associados a superpoderes.

Em geral este tipo de mineração é uma responsabilidade, pois esta tecnologia deve ser dedicada a uma utilização justa, para que os utilizadores não sejam negativamente afectados, pois uma utilidade inadequada pode ser classificada como tal, pois sem consulta afecta o desempenho dos computadores que acedem ao portal.

A deterioração de um dispositivo deve-se ao facto de a extracção de moeda criptográfica exigir um nível superior de CPU, no caso do dispositivo não possuir as qualidades necessárias para satisfazer as exigências do CPU, como resultado, começa a funcionar muito mais lentamente, e no caso dos telefones começa a sofrer danos irreparáveis.

Mas para além destas funções maliciosas, os mineiros da Web nas mãos certas podem ter uma aplicação muito melhor, uma vez que algumas causas caritativas podem optar por esta alternativa mediante autorização prévia, assim como este e outros projectos permitem-lhe escolher quanto processamento pode doar para não sobrecarregar o seu computador.

Isto significa que os mineiros da Web são empregados como uma opção adicional para estabelecer assinaturas pagas, ou como uma forma de publicidade em websites, isto é aceitável desde que seja emitida uma autorização prévia, isto está associado à potência mineira que também está disposto a fornecer.

O que representa a mineração na nuvem

É um serviço onde se pode alugar uma potência mineira, de modo a obter as recompensas obtidas, é como uma espécie de mineração mas feita através de um terceiro, graças à plataforma que fornece uma parte da sua potência mineira, isto causa mais dúvidas sobre a rentabilidade em comparação com fazê-lo sozinho.

Dentro da mineração de nuvens os mesmos factores juntam-se para estudar a mineração de piscina, pelo que pode ser entendida como um tipo de rentabilidade relativa, mas deve-se considerar o risco de ser enganado porque através da nuvem isto é mais frequente ou sob muito maior perigo.

O que é positivo na mineração de nuvens é que não tem de investir na compra de hardware, e os custos de electricidade, refrigeração e outros itens do género são reduzidos, bem como a manutenção ou cuidado do hardware, porque não será motivo de preocupação.

A única desvantagem é a incidência de ser enganado, porque o poder mineiro não é originado por si mesmo, por essa razão não pode reparar no poder mineiro total que oferecem e as condições de cancelamento do acordo não lhe são favoráveis, e podem torná-las efectivas se os preços de mercado da moeda criptográfica não forem convenientes.

Moedas criptográficas de mineração num Mac

Os utilizadores de Mac podem hesitar em participar na extracção de moeda criptográfica, especialmente porque a comunidade de utilizadores de SO pode ter menos oportunidades de fazer parte desta actividade, mas não se deve ignorar que o utilizador médio com Windows ou Linux também deve ter poder de computação que os seus computadores podem não possuir.

Isto deve-se à evolução deste tipo de tecnologia, especialmente a produção de hardware especial como os ASIC, ou o mesmo acontece com cartões GPU que têm um poderoso desenvolvimento, pelo que a mineração com a utilização de computadores pessoais tem sido deixada de lado.

O mundo da mineração está directamente associado às altas temperaturas, ao consumo de energia e aos computadores, todos os quais contribuem para um ambiente profissional no qual se pode ganhar dinheiro através da mineração, mas para além de tudo isto, é possível ganhar dinheiro usando Macs, embora não na mesma magnitude que outros computadores.

Por todas estas razões, não é uma boa ideia minar a partir de Mac, mesmo Windows não é amplamente aceite, mas é melhor investir para a maior capacidade computacional, para enfrentar a concorrência nesta rede de cadeias de blocos que se quer minar.

A missão é entrar no mundo da mineração através da poupança, implementar e utilizar software especializado, juntamente com o conhecimento para compreender como estes dispositivos funcionam.

Mineração de etéreo via Ubuntu Linux

Ethereum funciona como uma rede que tem grande semelhança com a Bitcoin, mas a sua qualidade reside na participação ou utilização de contratos inteligentes, isto é um avanço no ambiente das transacções uma vez que promove a privacidade e o anonimato, este é o potencial que se encontra sob o projecto Ethereum.

A partir deste raciocínio, o interesse na mineração do Ethereum aumenta, mas é uma acção que não é tão rentável como se acredita, no entanto, existe uma oportunidade de rentabilizar através deste meio, para alcançar esse resultado é preciso ter poder de processamento gráfico, sendo a GPU a mais importante.

Uma das melhores opções para a mineração é a escolha da NVIDIA GeForce GTX 1070, é uma das melhores cartas para este fim, porque para além do poder de processamento que proporciona, também reduz o impacto energético, isto é essencial para que os custos diminuam um pouco e produzam lucros mais elevados.

Tendo coberto a questão das placas gráficas, a próxima coisa a abordar é a questão do software, porque é o que lhe permite fazer parte da rede para distribuir e explorar, isto não é aconselhável fazer através do Windows, uma vez que é muito mais eficaz optar pelo Linux.

Um sistema como o Linux tem mais liberdades porque o sistema operativo é livre, e reduz as despesas de mineração porque a mineração é eficaz até uma taxa de hash mais elevada do que seria obtido pelo Windows, implementando o mesmo hardware, estas são diferenças claras entre um e outro.

Para servidores de projectos, o uso de Linux é o mais adequado, a evolução do mesmo faz com que seja um download mais frequente do que se pensa, para realizar o processo de utilização do software é necessário instalar o Ubuntu, quando tiver o equipamento Linux o resto será para executar e configurar o programa.

- **Requisitos de instalação do Ubuntu**

Para utilizar o Ubuntu é necessário ter uma pen USB de pelo menos 2GB, depois é necessário descarregar o Etcher que está disponível para sistemas operativos como Windows, Mac e Linux, finalmente pode instalar o Ubuntu, após formatar a pen USB e iniciar o Etcher para seguir os passos do instalador.

- **Instalar o Ubuntu**

O próprio processo de instalação pede acesso à localização Ubuntu, após esta etapa pode ligar a pen USB à máquina para que o sistema arranque a partir dela, isto é guiado pelo instalador que funciona intuitivamente, só tem de seleccionar o sistema operativo no qual será instalado.

Normalmente é melhor não particionar o disco, mas deixar o Ubuntu totalmente funcional, e pode aumentar a capacidade do disco investindo num SSD que valha a pena. Após completar estas opções de instalação, pode desligar o stick USB para reiniciar a máquina e ir directamente para o Ubuntu.

- **Login no software de mineração Ethereum**

Para extrair Ethereum deve iniciar Geth e Ethminer, instalar os drivers correctos para as placas gráficas, e finalmente utilizar ou ter uma carteira para receber os fundos que está a extrair, quando o faz só tem de seguir os passos a partir de uma janela terminal.

A funcionalidade completa do lançador Ubuntu está localizada no canto superior esquerdo da interface que está a utilizar, e pode ser activada por um atalho com a tecla Windows, para que possa digitar o terminal e o botão para executar a aplicação aparece.

Depois a primeira coisa a fazer é instalar o repositório APT que faz parte do Ethereum, introduzindo o comando:

Sudo apt - instalar

Software-properties-comum

Sudo add-apt-repositório

Ppa: etéreo/téreo

Sudo apt - obter actualização

Pode então proceder à instalação de geth e ethminer, introduzindo os seguintes comandos:

Sudo apt - instalar

Ethereum ethmier geth

Tendo coberto estas etapas, a próxima coisa a fazer é certificar-se de que tem os drivers do cartão instalados, dessa forma terá o apoio para realizar a exploração mineira Ethereum, se não cobrir esta etapa, terá de lidar com drivers Linux de código aberto que não ajudam muito.

Se vai instalar os controladores deve ter em conta que a instalação não pode ser efectuada se o Ubuntu estiver em execução, para sair pode utilizar os comandos Crtl + Alt + F1, então será necessário introduzir o utilizador e a palavra-chave, para parar o servidor X, pode premir o seguinte:

Sudo service lightdm stop

Desta forma pode executar o driver da placa gráfica com total liberdade, não pode ignorar a mudança para a pasta onde foi feito o download, uma vez concluída esta instalação tudo o que precisa de fazer é reiniciar o computador, através do comando:

Ethminer - dispositivos de listagem

A lista exposta deve ser igual ao mesmo número de cartões que possui ou instalou, para além do nome total e da memória deve estar correcta, se houver algum erro significa que o condutor não está a funcionar correctamente e que houve um erro durante o processo anterior, no caso de estar correcta, a próxima coisa a aplicar é

Ethminer -M -G

No caso do -M refere-se ao Ethminer, enquanto o -G é o que vai ser executado com as GPUs que foram instaladas, este tipo de comando quando iniciado pela primeira vez inicia um DAG, isto demora entre 8 e 15 minutos, depois será possível visualizar a taxa de hash mínima, a máxima e a média.

Para terminar a aplicação da configuração é vital adicionar a carteira para receber o Ethereum que é minado, ou qualquer outro que deseje receber, isto requer a instalação do geth que lhe permite criar a carteira de modo a que apenas tenha de criar uma boa palavra-passe que ofereça garantias, através do comando introduzido:

Conta Geth nova

Controlar esta chave é crucial para que ninguém possa tomar medidas com os seus fundos Ethereum, nem pode esquecê-la porque não há forma de recuperar a senha, estas precauções representam o sucesso da operação mineira.

- **Seleccione uma piscina**

Uma vez que tenha o software pronto para minerar, a próxima melhor coisa a fazer é fazer parte de um pool, porque é melhor apostar num poder mineiro muito mais colectivo para obter um bloco do que trabalhar sozinho e ter menos hipóteses de o conseguir, mas antes deve saber que os lucros são partilhados de acordo com a sua contribuição ou a sua actividade.

Para implementar uma exploração mineira eficaz Ethereum é vital ou mais aconselhável fazer parte de uma piscina, para tomar a decisão certa pode seguir os fóruns Ethereum e reconhecer uma piscina que se adapte às suas necessidades, ao seleccioná-la deve ter o endereço que está incluído no Ethminer, para além de completar outros campos como a sua carteira.

Ethminer -U -F "http://eth-eu.dwarfpool.com:80/wallet

Através do website da piscina pode encontrar cada um destes dados, tais como endereço, porto, e outros detalhes que são fundamentais para iniciar a exploração, a maioria das piscinas são mantidas anónimas e não tem de se registar para fazer parte delas, e a eficácia da piscina pode ser medida pelas suas estatísticas.

Como minerar Litecoin

Se estiver a pensar em minerar Litecoin há muitos pontos a considerar e saber, a primeira coisa a descobrir é que é uma rede que leva 2,5 minutos para confirmar cada bloco, pelo que representa um dos activos que funciona quatro vezes mais rápido, este é um ponto interessante para considerar este activo para o minerar.

A popularidade de um activo como a Litecoin torna-a uma opção atractiva para a mineração, especialmente porque pode ser realizada através de uma variedade de opções, cada uma das quais adequada para diferentes orçamentos, pode avaliar as seguintes modalidades:

1. **Mineração a solo**

Isto é conhecido como assumir a responsabilidade de investir e obter todo o equipamento necessário para desenvolver a exploração mineira, mas isto tem a vantagem de não ter de dividir ou partilhar os lucros, para que se possa obter mais dinheiro estando isento de comissões, mas o investimento é feito no início para ter o equipamento.

O mesmo se aplica ao pagamento de serviços, pois estes devem ser pagos individualmente, razão pela qual é uma medida que para muitos pode ser dispendiosa e não a opção certa que esperam, para além do facto de que, se não desenvolverem uma boa potência mineira, podem passar uma quantidade significativa de tempo sem obterem lucro.

2. Poço mineiro

No caso de a mineração a solo parecer cara, é possível analisar o papel da piscina mineira, porque é uma modalidade em que os recursos são partilhados, seja energia computacional ou electricidade, o que ao mesmo tempo aumenta a oportunidade de obter a recompensa por detrás do bloco.

Através desta alternativa o rendimento é mais constante, porque quando se minera em cada oportunidade a percentagem é distribuída de acordo com o que se fornece em termos de energia ou potência, é por isso que actualmente existem muitas opções para poços de mineração, tais como as seguintes:

- **Pool Mineiro Litecoin.** É reconhecida como uma das piscinas mais antigas porque está a funcionar desde 2011, e mantém uma política de não-comissão, que funciona numa base de pay-per-share (PPS), o que significa que a recompensa é distribuída de acordo com a energia e electricidade fornecidas.
- **Antpool.** Está localizada na China e é reconhecida como uma das maiores piscinas, não cobra uma taxa para aderir mas recebe uma percentagem das transacções com recompensas, estas são divididas

de acordo com a energia partilhada que é capaz de libertar pagamentos numa base diária.

Estes são os pioneiros, mas online pode encontrar muitos mais, o importante é que pode consultar através de um fórum, de modo a poder medir a dinâmica que utilizam e se é rentável para si.

3. **Mineração na nuvem**

Para não ter de contribuir com nada quando se minera, ou seja, não ter de comprar equipamento caro, a oportunidade ou última opção é optar pela mineração na nuvem, porque só tem de pagar uma plataforma para que esta alternativa se encarregue de trabalhar para si, pelo que o único requisito será ter um computador.

Este tipo de plataforma funciona como um grupo de computadores que são criados para realizar a extracção de moeda criptográfica, uma vez que tem mais computadores interligados, significa que pode extrair eficazmente, isto por sua vez é um grande começo para os principiantes, porque não tem de investir em hardware caro.

Mas há que ter cuidado com o tipo de empresa mineira que seleccionar, porque online há muitos golpistas que levam o seu dinheiro, muito antes de apostar em qualquer uma delas dever ser previamente investigada, uma das mais conhecidas e seguras é a Hashflare, pelo seu historial desde 2014.

- **Litecoin hardware de mineração**

No início, a exploração mineira Litecoin só podia ser realizada com o CPU e GPU, o que envolve um pequeno investimento para começar, e ainda se podem encontrar lucros significativos, mas depois isto progrediu para a potencial procura de lucros mais elevados utilizando os ASICs para a exploração mineira.

O desempenho dos ASIC é superior a uma CPU ou GPU, pelo que implica um aumento substancial dos lucros, pois é um equipamento melhor para atingir os resultados rentáveis que todos esperam, por esta razão muito pouco CPU e GPU é utilizado, pois são obsoletos, o que faz com que os elementos necessários para esta exploração mineira sejam os seguintes

1. **Antminer L3+.** É um dos hardwares mais poderosos para a mineração Litecoin, é o mais poderoso e endossado pela BitMain, pelo que outro hardware não tem este nível de popularidade, produzindo uma

taxa de hash de 504MH/s para resolver equações matemáticas de forma eficaz.

No mercado, pode continuar a investigar uma segunda opção que pode gerar uma boa taxa de haxixe, para que possa obter bons resultados na exploração mineira.

- **Litecoin software de mineração**

A peça chave para a qual se procura software é para o Antminer L3+, que pela sua facilidade de ajuste o torna ideal para combinar com software do tamanho de uma mina, para obter o software certo que se pode investigar, e depois a partir do site BitMain pode-se criar uma conta, e depois configurá-la e adicionar o URL do grupo mineiro.

Option	Description
Pool URL	Enter the URL of your desired pool. The AntMiner L3+ can be set up with three mining pools, with decreasing priority from the first pool (pool 1) to the third pool (pool 3). The pools with low priority will only be used if all higher priority pools are offline.
Worker	Your worker ID on the selected pool.
Password	The password for your selected worker.

- **O preço da Litecoin**

É essencial ter em conta o valor e o tipo de flutuação que a Litecoin pode sofrer, porque se trata de um bem volátil, deve também considerar outras formas de mineração que lhe possam ser úteis, tais como entrar no mundo deste bem através da compra numa Bolsa para negociação.

Aprenda a explorar Monero através do computador

A exploração mineira que faz parte de Monero é especial porque é uma das poucas que podem ser feitas a partir da utilização do CPU, pelo que é uma das alternativas mais fáceis de realizar a exploração mineira, mesmo para principiantes é uma óptima forma de se adaptar a essa dinâmica, e é positiva porque é um dos melhores activos comercializados actualmente.

Antes de tomar qualquer decisão quando se trata de extrair moedas criptográficas, deve compreender o tipo de condições necessárias para obter lucro, um dos requisitos mais fundamentais é o conhecimento técnico de todo o procedimento, bem como equipar a área com uma boa fonte de energia para torná-la estável, mas ao mesmo tempo económica.

O processo mineiro requer um nível de capital significativo, e uma dose elevada de paciência na espera de lucros, para não mencionar a verificação do estatuto legal da exploração mineira no país, e não negligenciar a manutenção do equipamento, uma vez que é capaz de gerar lucros.

Da mesma forma, a instalação de software de mineração requer GNU/Linux, uma vez que é de código aberto e há menos hipóteses de encontrar um problema de vírus ou de sofrer de vulnerabilidades constantes, mas é mais comum utilizar o Windows para este tipo de actividade.

- **O algoritmo RandomX**

O desenvolvimento da exploração mineira Monero concentra-se no algoritmo RandomX, porque tem um desempenho impressionante nas CPUs, por esta razão não é necessário implementar ASICs, motivando mais pessoas a envolverem-se na actividade mineira.

O RandomX é descrito como um algoritmo que oferece uma operação aleatória e, portanto, os processos indispensáveis para a exploração mineira, pelo que os dispositivos ASIC não são eficazes na descentralização do ecossistema, o que significa que só é necessário um computador adequado para a actividade mineira.

- **Requisitos para mineração Monero**

O equipamento para executar a exploração mineira Monero é um PC, portátil, portátil ou qualquer dispositivo de natureza profissional capaz de trabalhar 24 horas por dia, 7 dias por semana, o que significa que quanto mais qualidades técnicas tiverem, melhor desempenho mineiro oferecem.

O que é recomendado é utilizar um computador ou CPU, que é um sistema operativo de 64 bits, seja Windows ou GNU/Linux, um CPU de 4 fios ou núcleo com pelo menos 4GB de RAM, com uma ligação estável à Internet de banda larga, bem como software especial para Monero e a sua exploração mineira.

Normalmente o software utilizado é da XMR-Rig devido à sua simplicidade, além disso é vital ter uma carteira compatível com Monero, a fim de ter um lugar para receber os lucros gerados pelas acções mineiras.

- **Passos e procedimentos para a exploração mineira em Monero**

O processo de mineração que Monero requer pode ser facilmente compreendido seguindo certos passos, uma vez que se consegue completá-los, pode-se continuar a implementar a mineração ao ponto de se obter lucro:

1. Criar a carteira Monero (XMR)

Uma primeira acção básica é criar uma Carteira Monero (XMR), uma vez que funciona para obter depósitos que são gerados pela actividade mineira, o mais aconselhável é utilizar os que vêm do website oficial de Monero, na secção "Downloads" e depois clicar na opção "Carteira GUI".

Quando vai à opção Carteira, pode descarregar a versão Windows que funciona apenas para sistemas de 64 bits. Antes de descarregar, pode verificar se é uma versão genuína para que não instale um vírus ou vaze código suspeito.

2. Iniciar sessão e lançar a carteira

Uma vez descarregada a carteira e instalada, pode executá-la para configurar o tema da linguagem, e o modo de execução da carteira, nesse sentido o modo simples significa que a carteira de custódia passa a ligar-se a outros nós para realizar o seu funcionamento, para enviar e receber efectivamente dinheiro.

Por outro lado, o modo bootstrap actua da mesma forma que o modo simples, mas a distinção centra-se no nó local que poderá armazenar a cadeia de bloqueio Monero no PC, esta é uma das opções mais seguras, mas exige um espaço de 120 GB de disco rígido.

Por outro lado, o modo avançado é instalar o nó completo, mais outras funções adicionais, pelo que poderá ser melhor escolher este e criar a nova carteira, no processo deverá guardar e cuidar dos dados da frase semente, é melhor guardá-la numa forma física porque o digital pode ser roubado.

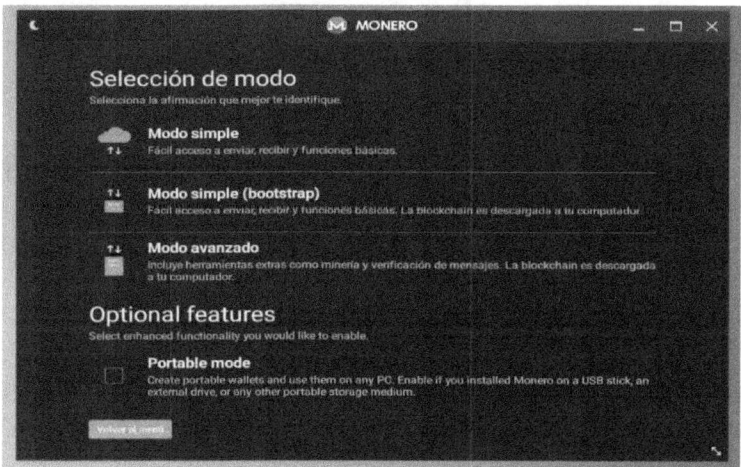

A próxima coisa a fazer é criar uma chave para a carteira, é melhor que seja robusta para que qualquer tentativa de hacking seja complicada e com poucas possibilidades, o resto é terminar a instalação para ter a carteira monero activamente, este processo decorre em segundo plano sem qualquer problema.

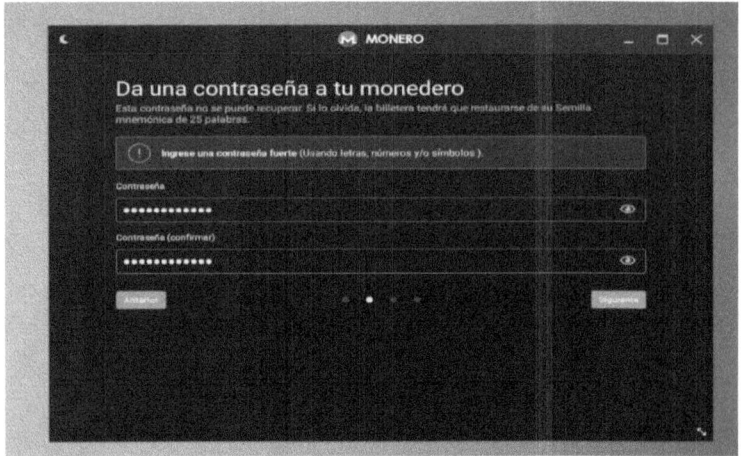

3. Descarregar o software de mineração a ser utilizado

O descarregamento do software de mineração é o meio pelo qual esta actividade pode ser realizada, mais frequentemente através da instalação do XMR-Rig, graças ao seu código fonte aberto que permite o descarregamento sem quaisquer consequências adversas.

4. Escolher piscina mineira

A melhor piscina para mineração é aquela que é segura e próxima do seu país, porque dessa forma o desempenho da potência mineira é semelhante, para encontrar as melhores opções pode entrar em www.moneropools.com, da mesma forma outra alternativa globalizada é www.supportxmr.com, uma vez que tem piscinas em vários países.

5. Ajustar o software de mineração

Para iniciar a exploração mineira em Monero deve configurar o programa, para isso pode utilizar um website para fazer dele um simples passo, basta procurar a configuração Wizard, esta é uma função do XMRig onde pode seleccionar "Nova configuração", para continuar; "adicionar pool" ou para escolher outro pool deve clicar em seleccionar Personalizado.

Ao escolher Custom porque o pool não aparece no menu, pode introduzir os dados necessários fornecidos pelo pool, no caso de seleccionar SupportXRM pode preencher os dados relativos às informações da carteira para além do nome do trabalhador, o seguinte é clicar no método de mineração a ser utilizado.

Assim, pode contar com a configuração para utilizar o pool que seleccionou, é sempre aconselhável solicitar todos os dados para que não se trate de um processo interrompido.

6. Configuração de Monero

A forma mais eficaz de configurar o XMRig para o pôr a funcionar é através do ficheiro config.json que foi concebido para este fim, para que possa abrir o ficheiro utilizando um editor de texto ou bloco de notas para apagar o conteúdo e copiar o fornecido pelo XMR Wizard.

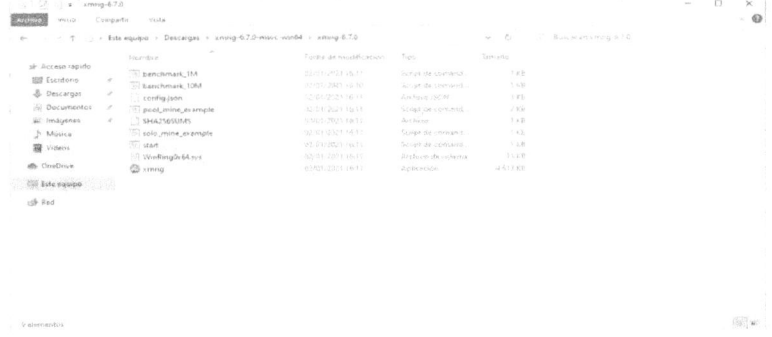

Uma vez concluída esta etapa, o passo seguinte é clicar duas vezes no executável xmrig para que possa iniciar a exploração mineira.

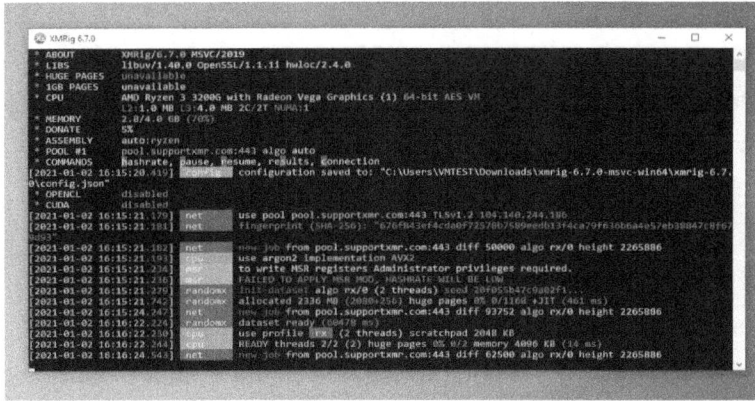

7. **Aplica a optimização do equipamento mineiro**

No caso de ser um utilizador avançado, pode dedicar-se à optimização do equipamento e do software de mineração, isto é possível através da linha de comando para modificar algumas opções que não tenham sido pré-configuradas, depois, dependendo da potência do equipamento, começará a notar em pouco tempo bons resultados na geração de rendimentos.

Isto significa que a mineração Monero é simples e em poucos passos, em comparação com outras moedas criptográficas, pelo que é mesmo possível alocar equipamento para mineração em diferentes piscinas que fazem parte desta moeda criptográfica com presença em vários países, mas desde o início deve saber que a mineração por si só não é uma grande opção.

Através de outra metodologia pode evitar a concorrência que existe nesta área, especialmente porque os seus ganhos dependerão directamente do haxixe que faz parte da rede, pelo que a adesão a um pool pode ser a melhor opção, para que possa tirar partido das jogadas cintilantes de Monero.

Descobrir como minerar Zcash

Desde o nascimento do Zcash em 2013 como solução para a privacidade das operações que o Bitcoin não oferece, tornou-se um foco importante no campo da mineração, que é desenvolvido no algoritmo chamado Equihash, que não é compatível com hardware de mineração comum, como os ASICs.

O desenvolvimento mineiro é muito mais correcto por GPU, para fazer parte do tempo do bloco de 1,25 minutos, para gerar uma recompensa de 6,25 fichas ZEC por cada bloco resolvido, se isto o motivar a realizar mineração Zcash, deverá começar por investir no hardware e software necessários para ter lucro.

- **Ferragens para mineração Zcash**

É necessário ter hardware de mineração para executar o software sem problemas, mas para isso é necessário analisar a diferença de desempenho em GPU, CPU e ASIC, porque são tipos de potência computacional que importam quando se minera, isto faz com que cada um deles tenha de ser especificado:

1. **Mineração com CPU**

Quando se extrai um bem como Zcash é necessário implementar a energia do processador CPU, por esta razão é melhor ter um alto desempenho que pode ser fornecido pela

AMD Ryzen Threadripper 1950x, mais 16 núcleos com um processador de 32 fios, que seria estimado em cerca de $900.

Esta forma exige que se tenha em conta que a mineração de Zcash por CPU pode ser desvantajosa em comparação com a GPU, porque a utilização de CPU tem um baixo retorno do investimento, pelo que é melhor optar pela GPU para atingir os ganhos esperados.

2. Exploração mineira GPU

O meio de mineração GPU emprega placas gráficas pré-existentes em moedas criptográficas, que são resistentes ao ASIC, o que gera uma escolha mais segura de GPU, uma vez que está acima do ASIC e CPU, para escolher a mais apropriada que se pode considerar as placas AMD ou as que são NVIDIA.

Como o mineiro se baseia no algoritmo Equihash neste caso, pode superar as placas MD, isto requer que se seleccione uma placa GPU que tenha 1GB de RAM, a escolha mais comum no mercado é a GTX 1080 pela sua eficiência energética, mais a GTX 1080 Ti que é poderosa mas cara.

Outras opções de cartões incluem o AMD Vega 56/64, que proporciona um bom desempenho mas a um preço elevado, é importante comparar cada qualidade com o preço, para se obter o melhor desempenho.

3. Mineração com ASICs

Tinha sido reiterado anteriormente que o algoritmo Equihash apresenta resistência aos hardwares ASIC, mas Bitmain emitiu uma declaração sobre o lançamento de um ASIC compatível com Zcash para este tipo de mineiro, apelidado de Antminer Z11, ultrapassando a potência do Z9 mini por até três vezes em desempenho.

O trabalho Antminer Z11 oferece uma potência hash de 135 KSol/s, com um chip de 12nm para exigir um consumo de energia de 1418W sob uma eficiência energética de 10,50 J/Ksol, da mesma forma outro ASIC que pode ser compatível é o Innosilicon A9 Zmaster, embora não tenha o mesmo suporte.

- **Software de mineração Zcash**

Uma vez que tenha o hardware necessário para a exploração mineira, o passo seguinte é completar a instalação do software de exploração mineira Zcash, para isso pode encontrar uma boa variedade de software que são compatíveis para trabalhar com este software, como o Zcash Mining Software, mas é um modo só para CPU.

O que pode utilizar ou optar são GPUs AMD como Optiminer, Claymore e Genesis SGminer, bem como GPUs Nvidia dentro das suas opções como EWBF Cuda, Nicehash EQM, e NEHQ.

- **Mina Zcash por conta própria ou numa piscina**

A exploração mineira Zcash por si só já foi rentável, mas depois a taxa de hash da rede tornou-se muito elevada, ao ponto de necessitar de um nível mais elevado de electricidade e hardware, o que em suma significa que é uma opção cara, pelo que a melhor alternativa é pensar com um grupo mineiro.

É possível optar pela exploração exclusiva da mina, mas com a premissa de que se pode obter uma quantidade menor de ganhos ZEC, bem como a necessidade de um elevado número de GPUs, juntamente com um maior nível de electricidade e força de vontade, é melhor optar por uma piscina que consiste no agrupamento com outros mineiros para aumentar as hipóteses de ganhar fichas.

Numa piscina mineira, cada um dos mineiros concentra a sua potência, para que os quebra-cabeças da cadeia de blocos possam ser resolvidos mais rapidamente, para que os lucros sejam depois distribuídos entre os mineiros, distinguindo a potência computacional de cada um, pode-se consultar algumas piscinas como Antpool, Coinotron, Coinmine, F2pool, Poolin, Zhash e outras.

- **Citação de mineração Zcash**

Através de uma calculadora de mineração Zcash oferecida pela Coinwarz, pode avaliar a rentabilidade da mineração, especialmente tendo em conta o tipo de hardware que está a utilizar, uma vez que o hashrate determina quanto pode extrair, sem ignorar os custos de energia e outras taxas dos mineiros no caso de uma piscina.

Mas é um tipo de mineração que é classificado como simples, e a rentabilidade varia dependendo do tempo da moeda criptográfica, por isso é melhor seguir as estimativas das calculadoras de rentabilidade da mineração Zcash, porque dá números ou dados mais actuais sobre preços, tempos de bloco e taxa de haxixe.

Para medir este tipo de actividade, basta adicionar o tipo de hardware ou modelo, mais a informação de hash, juntamente com a rentabilidade, para chegar a estes resultados pode utilizar as calculadoras de CryptoCompare, WhatToMine, Coinwarz, e MyCryptBuddy.

Mineração vs. investimento; as considerações no início

Aprender e envolver-se na exploração mineira requer tempo e perseverança para se envolver plenamente nesta actividade, pelo que se torna uma escolha altamente lucrativa, especialmente se se escolher entre a exploração mineira por conta própria ou através de uma empresa para o fazer na nuvem.

Se o fizer por conta própria, como mencionado acima, deve ter logística e um grande investimento em hardware, especialmente hardware especial para este tipo de propósito, razão pela qual a maioria das pessoas opta por fazê-lo através da nuvem, porque é mais económico.

Examinar e estudar ambas as opções leva-o a escolher o melhor caminho a seguir, especialmente porque cada uma tem os seus benefícios, bem como os seus inconvenientes, o que significa que é necessária uma análise minuciosa para identificar qual o melhor caminho para si. Desde o início da Bitcoin em 2009, o processo de mineração surgiu como uma actividade simples.

Isto significa que anteriormente com um portátil pessoal, que nem sequer era rápido, era possível gerar lucros no mundo das moedas criptográficas, mas depois tornou-se mais complicado, embora não signifique que seja impossível entrar neste tipo de dinâmica, apenas significa que tem sido uma indústria que tem evoluído.

Por esta razão, a Bitcoin pode ser extraída de duas maneiras, e quando as conhece bem pode correr o risco e começar a procurar os lucros que espera, considerando os preços do hardware e a dificuldade da actividade mineira, o que se tornou um trabalho árduo para a tornar um investimento mais significativo.

No entanto, o mercado também exerce a sua influência devido ao nível volátil, o que constitui um grande desafio para se manter atento à rentabilidade desta classe de acções, seguindo a tecnologia Bitcoin, que actualmente faz poucas alterações e a sua valorização não desce drasticamente.

É vital considerar os seguintes passos ou escalas antes da exploração mineira:

1. **Seleccionar empresa mineira**

A mineração de nuvens é uma prática em que o hardware de mineração é alugado, de modo que é deixado à outra pessoa fazer o trabalho para o proprietário do equipamento ou da energia, este tipo de investimento de equipamento é pago em Bitcoin, independentemente de ser usado para extrair esta moeda criptográfica específica.

Antes de escolher este tipo de alternativa, é melhor investigar minuciosamente as opiniões de todos aqueles que utilizam esta forma para gerar rendimentos, especialmente porque muitas empresas decidem participar nesta opção, mas depois desaparecem, pelo que é melhor optar por empresas fiáveis que sejam respeitadas para começar com paz de espírito.

Existe uma vasta gama de opções para empresas de mineração em nuvem, através da CryptoCompare pode encontrar uma lista bem elaborada com revisões para a classificação dos utilizadores, mas é vital distinguir das opções e propostas que apenas procuram postular um esquema.

2. Escolher pacote de mineração

Uma vez que tenha a sua selecção de uma empresa de mineração em nuvem pronta, com um registo formalizado, o passo seguinte é preferir um pacote de mineração, em que a escolha pela quantidade de poder, bem como o que pode pagar, são os acordos estabelecidos para o que cada parte irá fazer.

Normalmente pagando mais comissão, pode ter acesso a um alto nível de desempenho, ou a um desempenho rápido, mas esta não é uma regra obrigatória, para decidir que pode comparar a oferta de diferentes empresas mineiras, uma vez que também pode seguir o valor actual que é oferecido no mercado.

Outros aspectos que também ajudam a medir o lado mais rentável é a dificuldade da exploração mineira que é definida para as bitcoins, bem como os valores de referência que existem sobre o poder que se está a conseguir através do aluguer, mas todos estes números mudam, não têm uma oferta fixa, longe disso.

O que pode fazer é estimar até onde uma moeda criptográfica como a Bitcoin o pode levar a dar esse passo, para tudo isto pode usar a calculadora de rentabilidade Coinbase, onde pode seleccionar algumas alternativas ou variáveis para fazer um cálculo que reduza as suas dúvidas.

Estas empresas oferecem geralmente um contrato fixo como uma espécie de pré-venda, isto significa que tem de pagar adiantado, depois quando o hardware está disponível pode participar, isto não é recomendado devido ao elevado risco de ser enganado, no final é impossível ter 100% de certeza de que será um contrato lucrativo.

3. **Ir a um grupo mineiro**

Uma vez estabelecido o contrato, o passo seguinte é juntar-se à piscina mineira, ou seja, à equipa mineira global a que se pode juntar, este tipo de alternativa aumenta as hipóteses de ganhar bitcoin através da mineração, e é definida como uma prática padrão.

Por detrás de cada piscina mineira existem também alguns prós e contras, pode ter em conta o tipo de taxas baixas que pode encontrar, para classificar esta como a melhor oportunidade, neste sentido a piscina mais popular é a Slush Pool, mas ainda assim é aconselhável fazer alguma pesquisa de antemão porque nem todas são fiáveis.

4. Escolha uma carteira

Completar a escolha do grupo mineiro deixa apenas um último passo, que é ter uma conta através da qual receberá os bitcoins, porque é melhor que as moedas criptográficas sejam removidas da nuvem, para que possam ser geridas a partir da sua carteira como uma modalidade mais segura.

Da mesma forma, algumas empresas oferecem a opção de reinvestir os seus ganhos, especialmente para que possa utilizar um maior poder de dispersão, o essencial é que pense no que fará com as bitcoins que obtém do trabalho mineiro, uma vez que são fundos que pode mesmo utilizar em qualquer loja devido à aceitação que têm.

Outra medida pela qual se pode optar é o HODling como um bitcoin conservation, sendo uma estratégia viável para tirar partido de um momento rentável do bem, ou seja, quando o valor do bem cresce, será favorável para quem está a armazenar este tipo de moeda criptográfica ter uma percentagem mais elevada.

Não se trata de ser um consultor financeiro, mas de seguir as previsões que surgem sobre as moedas criptográficas, a fim de tomar a decisão sobre a detenção desta classe de activos, mesmo que tenha hardware para depositar moedas virtuais.

- **Mineração de bitcoins com o seu próprio hardware**

Antes de fazer qualquer investimento em hardware de mineração, pode usar ou aplicar uma calculadora de mineração de bitcoin, para que possa estudar cada um dos custos, porque é impossível olhar para uma taxa de lucro sem considerar os custos que este tipo de actividade irá gerar.

Outro aspecto a considerar é a flutuação dos preços devido a questões de electricidade, este tipo de variáveis são um ponto a avaliar, razão pela qual pode ser uma acção dispendiosa para muitos, e ao mesmo tempo a possibilidade de obter lucro pode ser baixa para um grande número de mineiros.

A configuração do sistema mineiro é cara, por isso o que deve considerar é o tipo de acesso que tem à electricidade, mas sob uma modalidade barata, o mesmo se aplica à ligação à Internet, este deve ser um recurso poderoso, por sua vez, isto aplica-se aos hardwares dos mineiros ASIC que podem ser de última geração.

A esperança de obter rendimentos através da mineração exige o uso do AsicMinerValue, pode ver todos os requisitos técnicos que este tem, um serviço ideal para a mineração é através de NiceHash onde pode implementar o seu próprio método, onde cada utilizador pode ligar máquinas ASIC ou GPU/CPU para as alugar para a mineração.

Os lucros gerados pela exploração mineira podem ser revistos utilizando a calculadora de rentabilidade para considerar melhor a utilização dos recursos e, portanto, o custo da exploração mineira, medindo assim ainda mais o potencial desta actividade para continuar a realizar mineração ou para investir muito mais.

Mínimo de hardwares para minerar Zcash e Ethereum

Os requisitos gerais para a mineração de Zcash ou Ethereum, andam de mãos dadas com as placas gráficas que pode seleccionar, normalmente os favoritos são AMD ou gráficos como NVIDIA, por isso com qualquer um destes dois hardwares, pode seguir outras medidas compatíveis.

A mineração de moedas criptográficas requer sobretudo uma plataforma de mineração, através de toda uma série de componentes mínimos para poder utilizar e tirar partido destes sistemas, em cada instante não se pode pôr de lado a consideração do aspecto gráfico, porque é uma qualidade que merece atenção para visualizar a rentabilidade.

1. Placa base

No meio da mineração da moeda criptográfica, deve prestar atenção à placa mãe, pois é um elemento chave e a sua selecção representa tudo, para que possa pensar numa que se adapte às suas necessidades, mas para isso deve saber antecipadamente o número de placas gráficas que serão instaladas.

Com base no número de placas gráficas a serem instaladas, porque um modelo como o Biostar TB 250-BTC foi concebido para seis placas gráficas, custa 90 euros, enquanto outra opção como o Biostar TB250-BTC PRO funciona para até doze placas gráficas e custa 200 euros.

O importante é que se pode encontrar uma vasta gama de opções no mercado, mas o desenho comum é que são para processadores Intel.

2. Processador

A decisão do processador é muito simples, porque não é necessário um tipo de processador muito avançado, mas um processador Intel Core i3 básico será mais do que suficiente, neste sentido representam uma das opções mais recorrentes, especialmente o Core i3 básico, por meio de uma tarifa acessível.

O que acontece com o processador é que durante a mineração eles não suportam muita carga, mas tudo é suportado pela placa gráfica, neste sentido a AMD não é considerada porque não é habitual aplicar placas-mãe para esta modalidade, por isso são processadores que não são suportados como recomendação principal.

3. Memória RAM

A variedade de opções de memória RAM torna-a uma decisão aberta, mas a mais básica é 4 GB de RAM, isto é funcional para que o programa possa funcionar sem problemas, também se pode optar por um ou dois módulos, é melhor certificar-se e utilizar dois módulos para implementar a configuração de Canal Duplo.

Estas memórias devem ser aquecidas para terem um melhor desempenho, e se quiser vendê-las no futuro, terá mais hipóteses de o fazer, alguns preferem subir a fasquia e investir na DDR4 RAM para o fazer.

4. Armazenamento

A unidade de disco rígido pode funcionar sem problemas através de um SSD, embora uma alternativa como um SSD SATA 120 GB funcione para este tipo de actividade, outra possibilidade é utilizar uma unidade de disco rígido mecânica de pelo menos 500 GB ou 1 TB, para que possa ser utilizada sem problemas.

5. Fornecimento de energia

A necessidade de alimentação de energia pode ser um dos pontos mais caros, mas pode partir da qualidade mínima de 1000W, mas com base no número de placas gráficas pode necessitar de duas fontes de alimentação, para que possa alargar o suporte em cada uma delas.

É melhor optar por um modelo que oferece 1250, para que possa suportar todas as placas gráficas, pelo que representa um dos investimentos mais pesados, mas é um componente necessário.

6. Cartão gráfico

Uma chave para a mineração é a função da placa gráfica, no caso do Ethereum por exemplo, é importante ter AMD e o RX 570/580, ou qualquer outro com qualidades semelhantes, mas os que não são compatíveis são o RX Vega, mas o Zcash pode ser minado utilizando a NVIDIA, que funciona para outros bens.

Por esta razão, a decisão ou selecção da moeda criptográfica é um passo preliminar importante, de modo a poder escolher uma placa gráfica que possa ser amplamente compatível, as mais apropriadas da NVIDIA são a GTX 1060 e qualquer outra GTX, mas o nível superior desta gama é a GTX 1080 Ti.

7. Riser

É conhecido como um dos elementos mais indispensáveis para complementar a plataforma mineira, mas deve ser uma versão 6 para proporcionar o desempenho esperado, através de características que são uma grande oportunidade baseada na protecção que geram e a coisa mais simples é que têm um baixo valor.

8. Chassis

Há muitas questões sobre a escolha do chassis, mas neste caso não é uma parte que vai utilizar, uma vez que não têm suporte para o nível da placa gráfica, pelo que não é possível ter um chassis, mas no mercado pode encontrar soluções para cobrir este aspecto e podem mesmo ser feitas à medida.

Todos estes elementos somam-se a um investimento global de aproximadamente 3.000 euros, tudo dependendo do equipamento que possuía anteriormente, mais o valor da moeda criptográfica escolhida, mais a consideração de optar por uma grande sala com bastante ventilação, e a visão de vender as recompensas no melhor momento.

Melhor GPU para a exploração mineira Ethereum

Desde o lançamento da NVIDA RTX 3060, houve diferentes opiniões sobre este tipo de peça, principalmente porque procuram sempre fazer um investimento seguro, isto é fácil de determinar através do seu haxixe e do custo que têm, para que se possa formar uma classificação completa.

A exploração mineira por moeda criptográfica envolve uma série de decisões anteriores, uma das quais é a selecção do

GPU no mercado, bem como a superação de alguns contratempos, tais como cortes de energia ou os custos deste tipo de serviço, todos os quais têm, ao mesmo tempo, um impacto na deterioração do GPU.

O conceito inicial é que as placas gráficas funcionam como um suporte positivo para os jogos, para que possam satisfazer as exigências da mineração, para que se possa pesquisar as melhores GPUs para a mineração com base no hashrate que fornecem.

Mas ao avaliar estes aspectos, também se luta com o facto de não se fixar o hashrate, como um conjunto de factores, o primeiro dos quais é o tipo de algoritmo utilizado, o tipo de velocidade do relógio da placa gráfica, bem como a optimização do software.

Isto, por sua vez, ajuda-o a estar ciente antecipadamente do tipo de hashrate que pode conseguir ou esperar, no caso de seleccionar Ethereum, por exemplo, utilizaria o algoritmo Ethash que é um dos algoritmos mais aplicados, com base nesta ideia pode saber quais as marcas e modelos de GPU mais utilizados e o tipo de hashrate que pode esperar.

Além disso, para comparar estas peças, é estudado o consumo de água e o tipo de lucro que se pode estimar durante

24 horas, mas o lucro final ainda depende do valor ou do que se paga pelo consumo de electricidade, classificado como se segue:

- **Nvidia RTX 3090.** Tem 110 MH/s, 300W e 8,95 gerados por hora.
- **Nvidia Rade na VII.** Gera 93 MH/s, cerca de 200W com uma eficiência de 7,57 horas.
- **Nvidia RTX 3080.** Desenvolve 91,50 MH/s, passando por 230W para lançar 7,44 por hora.
- **AMD RX 6900 XT.** Fornece 64 MH/s, em troca de 150W e cerca de 5,21 por hora.

Dentro desta classificação, o RTX 3090 é o mais predominante para a exploração mineira Ethereum, devido ao facto de sob a utilização do algoritmo Ethast atingir uma taxa de 110 MH/s, mas em contraste com isto é um cartão que requer até 300 watts, pelo que o custo eléctrico pode afectar grandemente os lucros.

A melhor placa GPU da AMD neste momento é a Radeon VII, porque tem um desempenho de mais de 4 anos, e oferece uma taxa de haxixe de 93 MH/s, para um consumo de energia de 200 watts, o que indica que é uma alternativa muito rentável ao calcular cada um destes detalhes.

Do mesmo modo, o desempenho mineiro do RTX 3060 é muito inibido ou limitado, porque só atinge até 42 MH/s, pelo que é inferior ao desempenho do RTX 2080, e o mesmo acontece com o RTX 3070 que só atinge 58 MH/s, este tipo de discernimento entre um e outro é fundamental para comprar o melhor.

O mais falado é que o RTX 3060 completou o seu ciclo dentro da mineração, porque não tem bom desempenho em algoritmos modernos que são concebidos para extrair Ethereum, o mesmo acontece com o RTX 3060 TI que desenvolve um desempenho limitado, porque o que procura é que a placa gráfica seja atractiva para o mundo dos jogadores.

Este tipo de enfoque nos jogadores, faz com que os mineiros não sejam suficientes, é uma questão de preferência do utilizador, pelo que a NVIDIA está a ser vigiada de perto, e se reduzir o haxixe, então a melhor maneira de ir é preferir a AMD, mesmo que o modelo Radeon possa ser caro ou difícil de obter, será uma previsão a tomar.

Instalações actuais de mineração de Bitcoin

As actuais restrições na China provocaram uma mudança na exploração mineira Bitcoin, o que está a levar os mineiros a voltarem a sua atenção para esta actividade, razão pela qual a participação neste tipo de actividade aumentou, especialmente porque a China costumava gerar 65% da exploração mineira a nível mundial, devido ao preço da energia.

Mas o governo chinês implementou medidas, para reduzir a actividade mineira até 90% em todo o país, o que tem sido conhecido como uma campanha rude, que diminui a acção mineira Bitcoin nos últimos dias ou meses, o que tem sido estudado pelo hashrate gerado em todo o país.

No meio da China, este tipo de medidas foi estudado, o que ensombrou os 90% da capacidade mineira que estava a ser desenvolvida, pelo que o sector mineiro no país foi completamente minimizado, em resultado do que o plano mineiro começou a ser distribuído por outras áreas do mundo.

Devido à repressão na China foi necessário recorrer a uma participação paralela ou noutro local, isto ao mesmo tempo diminui a dificuldade e torna-o um exercício muito mais lucrativo, porque deixará de ser uma actividade procurada, para se tornar mais fácil e, por sua vez, rentável.

A razão pela qual surgiram medidas contra a mineração deve-se ao impacto ambiental da exploração mineira, mas também é defendida em comparação com a degradação causada por minerais ou metais preciosos, mas neste caso trata-se da validação das transacções que têm lugar entre eles.

A complexidade das operações diminuiu, o que por sua vez pode diminuir o tipo de equipamento necessário para alcançar a solução do puzzle matemático, e que o processo de mineração é o que desencadeia as recompensas, sendo o principal incentivo para se envolver neste tipo de actividade.

O melhor software para mineração Ethereum

Mineração através de placas gráficas, sendo uma modalidade que se tem tornado frequente nos últimos anos, no caso do Ethereum é viável optar por placas gráficas que possam responder ao software de mineração que merece estudo prévio para tomar a melhor decisão sobre a AMD.

No caso da utilização de placas gráficas AMD ou NVIDIA, são utilizados diferentes softwares que podem suportar estas peças, tais como o ETHMiner, que é um dos mais utilizados actualmente na exploração mineira, isto é especial devido à função de optimização que possui, especialmente para o algoritmo Ethash.

Mas no caso de outros algoritmos pode não suportar o seu funcionamento, mas deve lembrar-se que Ethereum mining lhe permite realizar esta actividade em Ethereum Classic, Musicoin e outros, ao mesmo tempo a vantagem deste software é a sua compatibilidade com os sistemas operativos Windows, Linux e MacOS.

É vital notar que este tipo de software pode funcionar totalmente em gráficos AMD, mas foi optimizado através de gráficos NVIDIA, onde o desempenho das soluções se concentra nas GPUs AMD, embora tenham um desempenho inferior ao desejável em comparação com outro software.

- **GMiner**

É um software desenvolvido por um conjunto de mineiros russos, que ao longo do tempo adquirem um nível superior de preferência, inicialmente desenvolvido pelo Equihash, mas actualmente não suporta a operação de algoritmos como o Ethash, ProgPoW e Kawpow.

Este tipo de algoritmos foram adicionados em 2020, onde oferece suporte para Cuckatoo, Cuckaroo, Beamhash, Cortes e outros, este software está disponível para sistemas operativos como Linux e Windows, sem gerar quaisquer problemas com placas gráficas AMD e NVIDIA.

A popularidade do software reside na flexibilidade do tipo de algoritmos que é capaz de suportar, bem como no nível de desempenho que oferece, pelo que é um ponto de comparação a não descurar.

- **Melhor software com gráficos AMD e NVIDIA combinados**

Uma das opções ou aplicações mais curiosas no mundo da mineração é a criação ou formação de uma plataforma mineira para o Ethereum mas sob a integração das placas gráficas AMD e NVIDIA para que possam operar ao mesmo tempo, onde se destacam as seguintes alternativas

1. **Claymora Mineiro Duplo**

Este tipo de software é concebido para o algoritmo Ethash, baseado directamente no OpenCL, um ponto que favorece directamente a AMD, porque tem núcleos como montadores para que possam ser optimizados, porque é um software que oferece menos acções inválidas.

Os elementos que fazem parte deste software não estão disponíveis noutros locais, são especiais porque uma vez detectada uma falha, a própria placa gráfica reinicia como resposta automática, esta qualidade é impressionante porque significa que pode combinar uma placa AMD e NVIDIA na mesma plataforma mineira, com suporte para Linux e Windows.

- **Software de mineração Ethereum com placas gráficas AMD**

A mais optimizada dentro da mineração é a utilização de placas gráficas AMD, devido à sua grande eficácia no Ethereum, as mais proeminentes que são frequentemente utilizadas são as seguintes:

1. **TeamRedMiner**

Um tipo de software que foi desenvolvido para trabalhar de forma única com placas AMD, por essa razão pode executar uma optimização especial e é um dos pioneiros em ter a opção "zombie", esta é uma vantagem para a utilização de placas gráficas que são VRAM de 4GB.

Neste caso o tamanho do DAG atinge um tamanho superior, mas o desempenho perde-se quando se executa este tipo de acção, o suporte deste software estende-se a algoritmos como Ethash, Kawpow, Octopus, ProgPoW e também em Cryptonight, ou outras opções, porque é uma alternativa aberta a estas possibilidades.

A exploração de outras moedas criptográficas também pode ser realizada com suporte e operação em Windows e Linux, razão pela qual pode ser descarregada de websites oficiais, completando assim a lista do software mais utilizado para a exploração de minas Ethereum, bem como para outras moedas criptográficas.

Hoje em dia é melhor ser especializado na utilização de hardware e software, sempre de mãos dadas com o tipo de moeda criptográfica escolhida, porque as soluções devem ser específicas para o que procura ou necessita, o essencial é que possam ser adaptadas às necessidades e exigências desta actividade.

No caso de querer continuar a utilizar placas gráficas AMD de 4GB de VRAM, pode tornar-se interessante nesta actividade mineira, isto joga sempre ou tem relação directa com o logaritmo utilizado, há uma grande variedade de logaritmos por onde escolher, o importante é obter um bom desempenho.

www.ingramcontent.com/pod-product-compliance
Lightning Source LLC
Chambersburg PA
CBHW070117230526
45472CB00004B/1300